Como superar la ansiedad y la depresión

Phillip A. Johansen

Editorial Anuket

Contenido:

Capítulo 1
Depresión
Causas y síntomas

La depresión es un trastorno mental grave que puede afectar a la forma en que una persona piensa, siente y actúa. Puede ser debido a una combinación de factores, incluyendo eventos estresantes de la vida, cambios hormonales, herencia genética y problemas de salud física. Algunos de los síntomas comunes de la depresión incluyen:

• Tristeza persistente o sensación de vacío
• Pérdida de interés o placer en actividades que solía disfrutar
• Cambios en el apetito y el peso
• Problemas para conciliar el sueño o aumento o disminución del tiempo de sueño
• Fatiga o pérdida de energía
• Sentimientos de inutilidad o culpa
• Dificultad para lograr o tomar decisiones
• Pensamientos de muerte o suicidio

La depresión es un trastorno muy común y es tratable. Si sospecha que podría estar experimentando síntomas de depresión, es importante hablar con un profesional de la salud mental o un médico para obtener ayuda. En este libro abordaremos la problemática de la depresión y de la ansiedad de manera global, para que pueda comprender las consecuencias que estos estados de ánimos conducen, y las distintas maneras de afrontarlos.

Existen diferentes tipos de depresión, incluyendo:

Depresión mayor: Es un trastorno del estado de ánimo grave que puede afectar significativamente la vida diaria. Los síntomas incluyen tristeza profunda, pérdida de interés o placer en actividades que solían disfrutarse, cambios en el apetito y el patrón de sueño, fatiga, dificultad para aumentar, pensamientos de muerte o suicidio y cambios en el patrón de actividad.

Depresión persistente: También conocido como trastorno distímico, se caracteriza por un estado de ánimo deprimido durante al menos dos años. Los síntomas son similares a los de la depresión mayor, pero menos graves y duran más tiempo.

Depresión psicótica: Es un tipo de depresión grave que se caracteriza por síntomas psicóticos como alucinaciones o delirios junto con síntomas de depresión.

Depresión atípica: Se caracteriza por síntomas de depresión que no encajan en las otras categorías. Por ejemplo, puede incluir un aumento en el apetito o el sueño en lugar de una disminución.

Depresión posparto: Es un trastorno del estado de ánimo que puede afectar a las mujeres después del parto. Los síntomas incluyen tristeza, ansiedad, fatiga y dificultad para cuidar del bebé o para disfrutar de la maternidad.

Un sentimiento crónico de tristeza y vacío se apodera de la nueva madre debido al estrés físico del parto y un sentido poco claro de responsabilidad por el recién nacido.

Distimia: es un ligero parecido a la depresión, aunque en esta ocasión las manifestaciones no son tan graves, pero por supuesto debe tratarse de inmediato.

Ciclotimia: los síntomas son algo similares a la manía o la depresión bipolar, ya que las personas con este trastorno a veces pueden experimentar cambios de humor severos.

Trastorno afectivo estacional: cuando cae en una rutina solo durante ciertas estaciones (por ejemplo, invierno, primavera, etc.) Se expresa en cambios de humor, donde las emociones de una persona pueden cambiar de feliz a triste o enojada en un corto período de tiempo. Los indicadores señalan que más personas se vuelven rutinarias en invierno y otoño.

Causas de la depresión

Se han realizado innumerables estudios sobre la depresión y se han propuesto varias teorías para explicar por qué las personas terminan deprimidas. La opinión predominante en los círculos médicos es que tiene varios orígenes y no se la puede atribuir a un factor específico.

Muchos médicos creen que la depresión puede ser causada por genes heredados. Sostienen que algunos rasgos están destinados a reaparecer en las generaciones futuras. Además, estos genes pueden afectar negativamente la producción de serotonina en el cerebro. En última instancia, la única conclusión que puede sacar es que la depresión es causada por múltiples factores, y que eliminando cada uno de estos causales puede conducir a un tratamiento exitoso.

Muchas personas se presionan más para completar las tareas que asumen, lo que naturalmente genera estrés. No solo estresa el cuerpo, sino que también afecta la mente; en casos severos puede causar una crisis nerviosa. También están aquellos que son hiperactivos y sienten la necesidad de cumplir con los plazos, lo que afecta su salud física y mental. Estas personas pueden buscar ayuda y beneficiarse del tratamiento para la ansiedad y la depresión.

Las personas que están estresadas por una gran actividad muestran nerviosismo y un comportamiento errático: a medida que aumenta el estrés, se entregan a cambios de humor. Necesitan relajarse más y afrontar las cosas con calma para mantener la cordura.

La experiencia de la infancia

Los médicos a menudo profundizan en la infancia de una persona y tratan de averiguar qué factores pudieron obstaculizar su vida presente. Por ejemplo, si una persona ha tenido una experiencia física o sexual desagradable, esto puede afectar directamente el bienestar emocional de ella en el futuro, y esto se debe a que de niño no ha podido procesar tal hecho, generando un trauma que se repite en el tiempo, donde la mente trata "sin lograrlo" de encontrar una respuesta. El futuro puede parecer sombrío y prevalecen los sentimientos de inutilidad. La persona también está inhibida socialmente y tiende a retraerse.

La depresión también puede deberse a un factor biológico. Recuerde, hay sustancias químicas en el cerebro que ayudan a protegernos del peligro; nuestras reacciones nos ayudan a cuidarnos, pero cuando hay un desequilibrio químico, no podemos reaccionar lo suficientemente rápido. Además, dejar que las emociones permanezcan latentes, sin expresarse, solo conduce a pensamientos y sentimientos poco saludables y a la incapacidad de lidiar con cualquier forma de ansiedad o estrés.

Condiciones médicas y medicamentos como causas de depresión

Algunas condiciones médicas, como el hipertiroidismo, pueden afectar seriamente la capacidad de una persona para hacer frente a situaciones como la pérdida de un trabajo o la muerte de un ser querido. Los ataques de pánico generalmente ocurren cuando alguien no puede procesar un shock emocional. En estos casos, puede ser difícil controlar el dolor de manera efectiva. Las drogas como la cocaína causan estragos en el cerebro y pueden dañar las células cerebrales, causar episodios paranoides o crear desequilibrios que mantienen a la persona en un estado constante de tensión y miedo.

Resumiendo: Las personas son complejas, y para afrontar eficazmente la depresión es importante analizar la raíz del problema, que se puede remontar a la infancia o a ciertos trastornos, como la pérdida del trabajo o de un ser querido, cambios traumáticos en la familia u otra pérdida catastrófica. Todos estos requieren un tratamiento específico y apropiado, y con los medicamentos y tratamientos disponibles, se estará bien encaminado hacia la recuperación.

Depresión y estrés

La depresión es causada por varios factores. Dos de estos factores son el estrés y el agotamiento. Cuando estamos estresados, nuestro cuerpo reacciona de manera diferente que cuando estamos relajados. Puede causar varias enfermedades, una de las cuales es la depresión. Si el cuerpo está estresado durante demasiado tiempo, deja de funcionar por completo. La persona simplemente dejará de funcionar con la misma capacidad. Es imposible evitar completamente el estrés en la vida. Todos hemos estado bajo estrés en un momento u otro. A veces también es saludable.

Pero el estrés constante, eventualmente, puede tener consecuencias negativas, incluso, depresión crónica y agotamiento. El estrés puede agotar las fuentes de energía y hacer que el cuerpo se sienta físicamente cansado. Este síntoma es bastante peligroso porque está directamente relacionado con la depresión.

A veces las personas se vuelven cada vez más autocríticas. Pueden estar enojados consigo mismos por dejar que las cosas se acumulen o ceder a las demandas de todos. La ira hacia uno mismo puede estar relacionada con la depresión, por lo que es una señal que debería generar algunas señales de alerta. A veces, cuando las personas están bajo un estrés y una tensión increíbles, pueden sentirse como si estuvieran sitiados. Sienten que el mundo no los quiere y muestran sentimientos extremadamente paranoicos. Además, el pensamiento irracional es un signo de depresión, así que tenga cuidado con cualquiera que muestre este comportamiento.

Si la persona parece tener dolores de cabeza o problemas gastrointestinales frecuentes, esto podría ser un signo de estrés. Puede causar serios problemas de salud si no se lo controla.

El estrés es una de las principales causas, y conocer las señales de advertencia puede marcar la diferencia entre una depresión grave y cómo afrontar el estrés. Si usted o alguien que conoce tiene estos síntomas, anímelos a buscar ayuda. La segunda opción, la ignorancia, podría ser peor.

Signos de depresión

La depresión tiene muchos síntomas diferentes, lo que significa que a veces continúa hasta que los síntomas forman un patrón. Pero cuanto antes reconozca la depresión en usted mismo o en otra persona, antes podrá recibir tratamiento. La depresión, ya sea leve o grave, o algo intermedio, debe tratarse. La depresión no desaparece por sí sola, simplemente empeora.

Hay algunos signos básicos y comunes de depresión. Estos incluyen lo siguiente.

• Baja autoestima o complejo de inferioridad
• No le gusta estar con otras personas, que pueden ser su familia.
• No pensar en hacer nada, incluyendo eventos agradables.
• Dificultad para concentrarse
• Sentimiento de desesperanza
• Tristeza constante
• Pensamientos suicidas
• Incapacidad para tomar una decisión.

Una persona puede tener uno o más síntomas de depresión. Es natural sentirse triste o estresado algunos días. Hay días en que la vida parece un poco más difícil de lo que imaginaba, y eso es normal. La depresión es algo completamente diferente. No es natural sentirse inútil o que las personas en su vida no le extrañarán si desaparece. No es normal estar molesto por más de dos semanas sin seguir sintiendo un cansancio constante y falta de interés por todo lo que te rodea.

En muchos casos, los signos de depresión son muy evidentes. Las personas deprimidas pueden echarse a llorar sin motivo aparente. En casos severos, una persona puede negarse a levantarse de la cama. En casos menos severos, es posible que la persona no pueda tomar las decisiones más simples o, a menudo, se sienta culpable por algo. Las personas con depresión pueden tener dificultades en el trabajo o en la vida familiar.

Otros signos de depresión pueden no ser tan graves y pueden ser más difíciles de reconocer. Por ejemplo, puede estar deprimido por eventos como la pérdida de un ser querido, un divorcio o la pérdida de un trabajo. Puede ser un verdadero shock y no todos se adaptan bien. Puede parecer que anda bien en su trabajo, pero los signos de depresión están ahí, porque no logra superarse y solo se queda en la media. La persona deprimida puede comenzar a llorar cuando menos se lo espera, o puede iniciar un círculo vicioso de desgano que termina impidiéndole funcionar.

El trastorno bipolar, por otro lado, tiene síntomas muy diferentes. Mientras mantiene un estado de euforia, se manifiesta un comportamiento extraño, como tomar decisiones aparentemente estúpidas y dañinas. Mientras existe un estado depresivo, la persona se siente desesperanzada y todas las actividades que lo hacían feliz se detienen. Esto sucede una y otra vez, tal vez incluso dentro de un día.

La clave para determinar si alguien está deprimido es buscar posibles patrones o empeoramiento persistente de los síntomas. Si continúa durante más de 2 semanas, usted, sus amigos o su familia deben buscar ayuda profesional.

Principales síntomas de la depresión

A veces es demasiado fácil ignorar los síntomas y no ayudarse a sí mismo ni a otros con la depresión.

De hecho, las personas con depresión pueden experimentar múltiples síntomas de depresión, pero no tienen que vivir con cada uno de ellos antes de que el trastorno pueda ser diagnosticado y tratado. Debido a que los síntomas de la depresión en realidad varían, el momento del "golpe" también variará.

Estos son algunos ejemplos comunes de síntomas de depresión:

• **Tristeza prolongada o sentirse "fuera de lugar" con quienes lo rodean.** Siempre están de mal humor. Prefieren deambular por la casa sintiendo lástima de sí mismos.

• **Sentirse desesperanzado y constantemente pesimista:** Habla acerca de sentir lástima por sí mismo. Otro síntoma común de la depresión es cuando una persona realmente siente que no tiene nada que esperar en la vida. En cuanto a los que persistentemente son muestran pesimistas, tienden a ser muy negativos acerca de las cosas y obstruyen cualquier proyecto que se le presente.

• **Culpa, pérdida de autoestima e impotencia:** Otros síntomas de depresión pueden aparecer fácilmente en personas a las que les gusta estar deprimidas todo el día. Se sienten cómodas con la situación, porque reciben atención "gratuita" de su entorno; aunque poco a poco se van haciendo tal daño, que se vuelve crónico, y ya no disfrutan de nada.

• **No está interesado en encontrar o disfrutar el placer;** simplemente renuncia a pasatiempos y otras cosas que solía disfrutar: este síntoma obvio de depresión solo muestra cuán deprimida se está. Si una persona está realmente demasiado triste como para disfrutar incluso de las cosas que ama, entonces la persona se está perdiendo mucho de algo, y viceversa, la persona en cuestión también puede haber contraído el virus de la depresión.

• **Cansado, siempre cansado:** las personas con depresión pierden el interés por la vida que de otro modo tendrían, carecen de energía todo el tiempo y, si solo quiere estar deprimido, es posible que ni siquiera pueda comer. Las personas con depresión no solo pueden sufrir enfermedades mentales si no duermen lo suficiente, sino que la depresión también puede afectar la salud física.

• **Dificultad para concentrarse,** mala memoria e indecisión: Las personas que sufren de depresión pueden mostrar fácilmente los síntomas evidentes de esta depresión. La falta de interés por el mundo exterior o casi cualquier cosa puede llevar a que no puedan recordar cosas, de hecho, no recordar lo que sucedió o lo que dijeron otras personas. La falta de interés en realidad puede hacer que una persona deprimida esté menos concentrada. Las tendencias suicidas, hablar o pensar en la muerte son otros signos de que una persona está deprimida. Irritabilidad y síntomas físicos, a menudo debido a una mala salud mental, como dolores de cabeza, indigestión y diversos dolores y molestias corporales.

Capítulo 2
Tipo de depresión

- **Depresión clínica, síntomas**

La razón por la que es tan difícil diagnosticar a alguien con depresión clínica es que la persona no se comporta de manera anormal, como permanecer en silencio durante largos períodos de tiempo o no preocuparse de sus obligaciones. De hecho, es posible que una persona ni siquiera sepa que está deprimida, lo que dificulta que los médicos determinen con precisión si una persona está deprimida, o solo es un temporal estado de mal humor.

El método principal de diagnóstico en el que confían los expertos es determinando la causa. El cerebro tiene la clave porque envía mensajes a través de neurotransmisores, que a su vez están controlados por sustancias químicas como la serotonina y la dopamina. Estos productos químicos deben producirse en determinadas cantidades; si esto no sucede, los neurotransmisores no pueden hacer su trabajo. Esto puede tener el efecto secundario de afectar el proceso de pensamiento de una persona y, en última instancia, conducir a la depresión. Para tratar con éxito al afectado, es importante descubrir patrones de comportamiento pasados y presentes. Por ejemplo, quizás la persona no quiera conocer gente en situaciones sociales como antes.

También puede haber síntomas físicos, como presión arterial alta o cambios de peso.

Otros síntomas visibles es el pensamiento confuso o la sensación de desesperanza. Esos pensamientos oscuros y negativos plagan la mente y se manifiestan en el comportamiento humano. Los afectados sienten que no vale la pena disfrutar de la vida. Todo les parece inútil, que no hay motivos para estar alegre, y tampoco nada que esperar.

Los depresivos viven con los errores que cometieron y les parece que no pueden tener una vida normal. Si experimenta cualquiera de estos sentimientos, es posible que esté pasando por una fase difícil de depresión, pero siempre hay ayuda disponible para ayudarlo.

A veces, una persona puede mostrar miedo y ansiedad en forma de lágrimas o ansiedad excesiva. Es posible que no quiera participar en ninguna actividad grupal o ir a fiestas, e incluso cuando lo hace, tiende a retraerse y mantenerse alejada. O puede negarse a participar en cualquier conversación y preferir permanecer sola. Habla le cansa y cualquier diálogo lo agota. A veces, la depresión clínica se manifiesta con síntomas muy evidentes, como la manía, que definitivamente requiere un tratamiento inmediato. Si no se controla, solo empeorará la situación y causará pánico.

Si la mente está llena de pensamientos oscuros y negativos, se culpa por todos sus errores, y la persona no quiere pasar tiempo con otros, como su familia o amigos.

Si su cuerpo ha experimentado cambios, quizás de peso, o si su estado de salud empeora repentinamente, debe acudir a un profesional de la salud, quien lo derivará al especialista adecuado para que lo evalúe en sus necesidades y lo ayudará en consecuencia.

- **Trastorno bipolar**

Una forma de depresión muy común, pero desafortunadamente con más riesgos, es el tipo maníaco (depresión maníaca).

El estado de ánimo de una persona fluctúa repetidamente, con frecuentes cambios de humor. El comportamiento adopta un patrón errático y el estado de ánimo puede cambiar de feliz a triste en cuestión de segundos.

Algunos piensan que el síndrome premenstrual puede ser la causa o incluso el estrés, pero no es así. Una persona con este cuadro depresivo puede alterarse por el más mínimo incidente, a veces puede ser algo tan inofensivo como el olor a helado. Surgen la ira y la irritabilidad, lo que lleva a expresiones verbales desagradables. Todos estos pueden ser síntomas de depresión maníaca. Desafortunadamente, esto puede durar una semana y no se limita a un solo día.

Cuando una persona se siente abatida, puede equipararse a una verdadera depresión. Muchas emociones negativas pueden aparecer en la mente de una persona, como no poder disfrutar de la vida y de las personas, sentimientos de desesperanza y culpa, sentir que nadie se preocupa por ellos, ataques de pánico y negatividad severa. Los terapeutas consideran que, si la condición continúa por más de una semana, la persona puede ser etiquetada como bipolar.

La depresión bipolar es un trastorno caracterizado por grandes cambios en el estado de ánimo. Se puede sentir eufórico y confiado por un momento, pero ese sentimiento no tarda mucho en convertirse repentinamente en decepción y fracaso. Esa experiencia es similar a la situación donde los sentimientos de bienestar se deterioran ante los acontecimientos o cambios repentinos de circunstancias. La diferencia es que, en la depresión bipolar, estos cambios de humor ocurren regularmente, a veces incluso a diario, y sin tener en cuenta la causa o las circunstancias. Los altibajos de los cambios de humor en la depresión bipolar se acercan a los extremos del espectro del estado de ánimo, lo que a menudo conduce a un comportamiento irracional.

Las personas que reciben un diagnóstico correcto de depresión bipolar a menudo se sienten eufóricas y pueden creer que son incapaces de sufrir o hacer daño. En ocasiones, las personas con trastorno bipolar interactúan de forma descontrolada o deciden ir de compras sin pensar en su situación económica o en la posibilidad de sufrir graves consecuencias.

A medida que la euforia se convierte rápidamente en un estado de depresión severa, los recuerdos de la euforia breve y ligeramente exagerada lo persiguen y exacerban aún más la depresión. Aunque estos ejemplos extremos son menos comunes, la alternancia frecuente entre niveles bajos de euforia y episodios repentinos de depresión puede ser muy confuso y ciertamente agotador.

Las personas con depresión bipolar pueden acarrear consecuencias potencialmente dañinas en el lugar de trabajo. Tomar decisiones precipitadas durante altibajos extremos puede dañar seriamente a la empresa o a sus colegas. Algunas personas con depresión bipolar a veces se vuelven hiperactivas y creen que son omnipotentes y que no pueden hacer nada malo.

La depresión bipolar también puede ser causada por el abuso de sustancias. Se ha observado que una vez que a una persona se le diagnostica este trastorno por uso de sustancias, el paciente a menudo tiene que lidiar con el problema por el resto de su vida.

Los niños a veces experimentan depresión bipolar, pero la condición a menudo se diagnostica erróneamente como trastorno por déficit de atención con hiperactividad (TDAH).

Aunque el trastorno es un problema médico complejo, los tratamientos actuales para la depresión bipolar a menudo pueden ayudar a quienes la padecen. Después del tratamiento, sus vidas vuelven a la normalidad. Las opciones de tratamiento a menudo requieren medicamentos para reducir la gravedad del estado emocional y alguna forma de psicoterapia para educarlos sobre los síntomas de la enfermedad y enseñarles a reconocer sus episodios. A medida que avanza la investigación sobre la depresión bipolar, los desarrollos futuros prometen proporcionar tratamientos mejores y más efectivos.

Tratamiento del trastorno bipolar

El trastorno maníaco-depresivo es común y puede ser grave, pero la buena noticia es que se puede tratar. No hay nada de qué preocuparse, pero se debe asegurar que el paciente esté en contacto con un médico que pueda ayudarlo a elegir el método adecuado y la cantidad correcta de medicamentos. Las visitas periódicas son esenciales para que el padeciente pueda interactuar y hablar sobre todos sus sentimientos de una manera en la que no podrían hacerlo con familiares y amigos. El alivio puede ser bueno a través de formas naturales de tratamiento que pueden verse como una posible ayuda para el individuo, pero para una ayuda continua es mejor consultar a un terapeuta conductual cognitivo con experiencia en el tratamiento de la depresión maníaca y todos los problemas psicológicos relacionados.

El terapeuta podrá diagnosticar la condición y profundizar en el comportamiento pasado y presente para encontrar las conexiones necesarias y sugerir las acciones a tomar. De esta forma, la persona depresiva estará mejor equipada para hacer frente a la situación, acompañada de la medicación necesaria (si el profesional considera que es necesaria). Con las visitas regulares al especialista aumentarán la confianza y abrirán al paciente a proyectarse fuera de su mundo interior. Con su experiencia en el área clínica de estos casos, el terapeuta podrá informar sobre los pros y los contras del tratamiento y aconsejar cuál es el mejor camino.

Recuerde que todos somos diferentes y lo que funciona para una persona puede no funcionar para otra.

Entonces, todo lo que tiene que hacer es encontrar el mejor terapeuta en el área y obtener la ayuda que necesita.

- **Depresión: leve y severa**

La depresión se presenta de muchas formas, algunas de las cuales son leves, mientras que otras pueden ser muy graves, incluso al borde de los pensamientos suicidas. La depresión leve tiene diversas manifestaciones, como ser: comer en exceso o no querer conocer gente o amigos, mientras que la depresión severa afecta la vida; donde parece que la propia existencia carece de propósito. La persona carece de alegría, quiere quedarse en la casa, y especialmente en la cama. Cuando se habla con una persona deprimida, él o ella, está completamente desconectada de la realidad, como si estuviera en su propio mundo oscuro.

Síntomas del trastorno depresivo mayor

Hay tantas cosas en la vida que pueden arruinarse por una depresión severa. Falta confianza en uno mismo, lo que hace distanciarse de la sociedad. El que la padece se vuelve antisocial y se aleja de su familia, destruyendo las relaciones. La violencia es característica de esta depresión. Muchos no desean comer, lo que afecta su salud física.

Debe saber que se tiene esta enfermedad grave cuando se experimenta síntomas diarios como insomnio, sentimientos de inutilidad y baja autoestima, fatiga e incapacidad para tomar decisiones incluso sobre cosas pequeñas durante 2 semanas seguidas.

Los pensamientos y sentimientos negativos hacia uno mismo se potencian. La actitud también cambia; por ejemplo, es posible que una persona no quiera estar en contacto con alguien y no esté muy interesada en las cosas con las que estaba asociado anteriormente. Un sentimiento general de apatía refleja un estado mental negativo.

El síntoma más importante a buscar es cuando una persona tiene pensamientos de terminar con su vida, asociado a un sentimiento de desesperanza. Es el momento impostergable de que la situación sea evaluada, especialmente para los seres queridos que necesitan ayuda y que no reconocen su situación.

No hay necesidad de desesperarse porque hay ayuda disponible y con el tratamiento adecuado una persona puede curarse. En casos extremos, la terapia con medicamentos debe administrarse junto con diferentes tipos de terapia. Los antidepresivos ayudan a calmar a la persona y, una vez hecho esto, puede pasar a diferentes tipos de ayudas psicológicas. Lo más importante es encontrar un terapeuta profesional que pueda hacer un diagnóstico adecuado y evaluar las necesidades del paciente, porque las necesidades de todos son diferentes.

- **Depresión crónica**

Este tipo de depresión dura un tiempo prolongado, tal vez incluso 2 años, y la persona pasa por ella de forma intermitente. En realidad, no desaparece por completo, simplemente sigue apareciendo, incluso si no es grave. Los médicos y terapeutas prueban diferentes tratamientos, como terapia de grupo y asesoramiento, antes de recetar medicamentos a los pacientes. Algunas personas responden y, por lo tanto, pueden evitar los antidepresivos y otros medicamentos, pero cuando todo lo demás falla, los fármacos son la única opción, que en realidad no es una solución permanente.

- **La distimia**

La distimia es un trastorno del estado de ánimo que se caracteriza por una depresión crónica o persistente. Los síntomas de la distimia incluyen tristeza constante, falta de interés o placer en actividades cotidianas, baja energía, dificultad para obtener lo que se desea, cambios en el apetito y el sueño, falta de autoestima y sentimientos de culpa o desesperanza. La distimia es menos grave que la depresión mayor, pero puede durar más tiempo y afectar significativamente la calidad de vida de una persona.

Estos sentimientos negativos acompañan a una persona todos los días y pueden durar mucho tiempo, incluso años. Incluso si pueden seguir adelante con su vida, estos sentimientos de tristeza pueden agobiar y hacerle sentir a quien la sufre, que su vida no vale nada.

La distimia puede ocurrir en cualquier etapa de la vida de una persona; no se limita a un grupo de edad específico; y puede afectar tanto a jóvenes como a mayores. Es difícil estar seguro de su presencia, porque no hay síntomas evidentes que afecten las funciones del cuerpo y la persona puede cumplir con sus deberes habituales, considerando que su baja energía se debe al estrés o a circunstancias pasajeras. Pero esta condición no se puede ignorar ya que no desaparece por sí sola, por lo que se debe buscar un tratamiento para corregir la condición.

Si se busca tratamiento temprano, se evita que la afección se vuelva tan grave que deba ser tratado con antidepresivos muy fuertes y medicamentos que pueden durar casi para siempre. Muchos médicos se han encontrado con casos que no responden al tratamiento, pero no pierden la esperanza porque hay varias otras formas de tratarlo. Lo más importante que debe reconocer quien la padece, es su estado depresivo, su desagrado por la vida, la falta de auto confianza, y su alejamiento de los seres queridos. También se debe evaluar el tiempo que se ha estado sintiendo de esa manera y qué síntomas parecen estar desarrollándose que impiden vivir una vida plena.

- **Depresión posparto**

La depresión posparto es una condición que médicamente y legalmente es cuestionable, pero tiene vigencia y pruebas de su existencia. Su estudio se vuelve trascendente, para que aquellos que aguardan la llegada de un niño al mundo, sean consciente de los riesgos, y se pueda ayudar a la parturienta y a la nueva vida.

El embarazo es un momento difícil, y la idea de cuidar a un bebé y las responsabilidades que conlleva criar a un niño pueden ser abrumadoras para las mujeres reacias a la maternidad.

La depresión posparto puede ocurrir cuando a las nuevas madres les resulta difícil asumir la responsabilidad de sus recién nacidos. Puede manifestarse con una falta de interés o una inapropiada intervención materna cuando el niño está llorando. Otros síntomas de la depresión posparto se enumeran a continuación.

• No pueden dormir
• Sensación de insuficiencia
• Se encuentra exhausta
• No puede hacer frente al cuidado del bebé.
• Deprimida

Curiosamente, algunas mujeres mujer que completaron su embarazo sin síntomas de ansiedad desarrollan depresión posparto después de dar a luz. Algunos casos de depresión posparto son graves e incluyen llanto frecuente e inexplicable e incluso pensamientos suicidas. La nueva madre tiene problemas para funcionar y parece que no puede hacer frente a las tareas más pequeñas. Algunas mujeres también muestran apatía o desinterés por el niño.

Es un tema desagradable, pero se ha demostrado que la depresión posparto en una madre la lleva a dañar al bebé o a los hermanos. En casos severos, puede convertirse en psicosis. La psicosis significa que una mujer puede tener alucinaciones o perder el control de la realidad. En muchas de estas demandas, la joven madre afirma haber escuchado voces que le decían que matara al bebé o a sus otros hijos.

La única razón para hablar de esto es porque es importante comprender que la depresión posparto es muy real y necesita tratamiento. Ignorar la enfermedad no hace que desaparezca. Afortunadamente, algunos tratamientos funcionan muy bien. En la mayoría de los casos el médico prescribe medicamentos.

Si sospecha que usted o alguien que conoce sufre depresión posparto, debe comunicarse con su médico de inmediato.

Causas de la depresión posparto

La mayoría de las mujeres experimentan una depresión leve después de dar a luz debido a los cambios hormonales o al darse cuenta de que el bebé ahora es una responsabilidad permanente.

Antes del nacimiento de un niño, las mujeres reciben mucha atención de familiares y amigos. Cuando nace el bebé y la madre está sana, dichos cariños ya no abundan y se dirigen al recién nacido. El parto puede ser física y mentalmente estresante: se producen cambios hormonales en el cuerpo que pueden resultar incómodos y afectar el estado de ánimo de la persona.

Esta es una de las principales causas de la depresión posparto. Muchas madres que no querían experimentar el parto y tenían miedo, corren el riesgo de caer en depresión. En lugar de regocijarse ante la perspectiva de tener un bebé y convertirse en madre, lo ven como algo que les causará tensión, dolor y estrés.

Si una persona es víctima de depresión posparto, definitivamente debe acudir a un terapeuta, porque el niño puede verse lastimado porque la madre tiene sentimientos de enojo hacia él y piensa que el niño es la causa de todos sus problemas, como el sobrepeso que le hace perder el encanto femenino. No se puede ignorar este cuadro clínico, porque la depresión posparto puede incluso ser la causa del asesinato del pequeño.

- **Depresión psicótica**

En general, la depresión psicótica es tan grave como la depresión clínica. Es una depresión severa en la que se pierde el contacto con la realidad. Desafortunadamente, cuando otras personas no saben lo que está pensando quien la padece, no se puede evitar una tragedia. Cualquiera que haya visto las noticias ha visto a madres siendo demandadas por matar a sus hijos porque "Dios dijo que tenía que hacerlo porque estaban poseídos". En otras pruebas espeluznantes, el diablo "habla" con las personas y les pide que hagan cosas impensables o violentas.

Hay varios síntomas comunes de la depresión psicótica. Estos incluyen los siguientes.

- Escuchar voces
- Alucinaciones
- Paranoia
- Despersonalización

Cuando se tiene depresión psicótica, la realidad es diferente a la de otras personas. Podría pensar que los extraterrestres le están hablando por teléfono. O tal vez crea que escucha una voz que le dice que se lastime. Obviamente, no debe intentar tratar este tipo de depresión usted mismo.

El tratamiento puede incluir hospitalización y, por supuesto, medicación. Existe un nuevo tipo de fármaco para tratar el trastorno depresivo mayor. Se llama un antipsicótico atípico. Funcionan donde los ISRS y los tricíclicos son ineficaces. Esta es una buena noticia para quienes sufren de depresión psicótica, ya que a menudo ayuda a sobrellevar una depresión más severa. Desafortunadamente, tienen muchos efectos secundarios potenciales. Las personas que toman cualquiera de estos medicamentos siempre deben ser monitoreadas. Los efectos secundarios son los siguientes.

- Expresiones faciales desajustadas
- Aumento de peso
- problemas de movimiento
- Alta presión sanguínea
- Visión borrosa

Esta no es una lista exhaustiva, pero da una buena idea de los tipos de efectos secundarios que experimentan las personas con los antipsicóticos atípicos. Desafortunadamente, cuando una persona tiene alucinaciones o tendencias suicidas, el uso de drogas es necesario, incluso con efectos secundarios desagradables. La depresión psicótica es una enfermedad muy grave y no puede esperar para encontrar un tratamiento perfecto. La buena noticia es que los investigadores médicos han estado buscando tratamientos alternativos.

El tratamiento de la depresión mental puede ser largo y difícil. No se puede tratar fácilmente, por lo que debe ser supervisado por un médico. Cuando alguien tiene una enfermedad mental, no puede controlar su tratamiento hasta que alcanza un cierto nivel de conciencia. Si usted o alguien que conoce está experimentando alguno de los síntomas anteriores, busque atención médica profesional. Aunque es una enfermedad compleja, la mayoría de las veces es tratable. Su médico puede recetarle medicamentos además de otros tratamientos, como terapia de grupo o terapia cognitiva. Debido a que hay tantas formas de tratar la depresión psicótica, nadie tiene que vivir solo con este trastorno.

Capítulo 3
Depresión infantil, en adolescentes y en el trabajo

Depresión infantil

Se supone que la depresión infantil no debiera existir, porque la infancia debe estar llena de pensamientos sobre la familia, la escuela, los amigos y los juegos; y por ello no habría necesidad de preocupaciones. Sin embargo, se ha convertido en un problema creciente en nuestra sociedad por varias razones.

En primer lugar, los niños tienen los mismos problemas que los adultos, simplemente porque son humanos. Experimentan estrés, tienen problemas familiares y pueden nacer con una predisposición a la depresión debido a la genética. En segundo lugar, ahora se hace evidente porque es más fácil diagnosticar correctamente la depresión que antes.

La depresión en los niños se conoce de muchas maneras. Los infantes pueden experimentar frecuentes altibajos emocionales. Los niños deprimidos a menudo no quieren salir de la casa para jugar con sus amigos. Otro síntoma es un cambio en el rendimiento académico. Si antes le iba bien en la escuela y luego pierde el interés, esto podría ser un signo de estado depresivo en el menor. Otro síntoma común es la falta de interés en las actividades diarias. La intervención temprana es importante para prevenir la progresión de la enfermedad.

La depresión en los niños es tratable. Los padres que creen que su hijo puede estar deprimido pueden tomar medidas para restaurar a su hijo de varias maneras. Lo primero que se debe hacer es intentar que el niño se interese por algo. Puede ser una actividad social o física o incluso ciertos juguetes. Otro paso importante que se debe tomar es permitir que el menor hable regularmente, alentándolo a participar, sin interrumpirlo, pero teniendo cuidado de no responder solo a las críticas.

Al igual que la depresión en los adultos, la depresión en los niños significa que tiene problemas de autoestima. El objetivo de sus cuidadores (padres, tutor, parientes adultos) es otorgarle las herramientas para que se sienta positivo con su alrededor para tener mecanismos de afrontamiento más fuertes.

Uno de los pasos importantes que se puede tomar para tratar la depresión infantil es trabajar con el niño para desarrollar respuestas adecuadas a las situaciones que enfrenta, y por, sobre todo, a su actitud desganada. Siempre habrá momentos en la vida en los que se tenga que superar un fracaso o una situación difícil. Si el niño no sabe cómo sobrellevar la situación y simplemente se culpa por ello, la depresión infantil puede colarse.

Cuando se descubre que el menor está experimentando depresión, se debe tratar de identificar las razones específicas. Por ejemplo, si él o ella tiene problemas en la escuela, puede haber problemas entre el infante y otro niño. O, si se retrae o no quiere asistir a la escuela repentinamente sin motivo, es posible que deba trabajar con un terapeuta infantil para investigar un posible abuso emocional o sexual (entre otros indicadores). No menospreciar una conversación con el maestro del niño o un psicólogo educativo, si la institución educativa tiene uno.

Otra causa común de la depresión infantil son las dificultades de aprendizaje inesperadas. Muchos niños no saben cómo expresar sus pensamientos o sentimientos. Esto significa que hay que esforzarse más para "leer" la situación. Si la autoayuda no funciona, hay muchas opciones. Estos tratamientos son similares a los que se usan para tratar la depresión en adultos.

Depresión adolescente

A veces, los adolescentes son difíciles de juzgar porque pasan por muchos altibajos normales a medida que crecen. Pero la depresión adolescente es un problema creciente, como lo demuestra el aumento del suicidio en esta etapa de la vida. No es raro escuchar de padres de jóvenes involucrados en violencia escolar que sus hijos han estado deprimidos. Pero a veces puede ser difícil distinguir entre los cambios de humor normales debido a cambios hormonales y la verdadera depresión.

Como padres de adolescentes, es importante estar al tanto de los cambios de comportamiento que no tienen sentido y empeoran con el tiempo. Por ejemplo, un adolescente que siempre ha disfrutado estar con amigos y luego deja de socializar repentinamente puede estar experimentando depresión. La pérdida de interés en las actividades es uno de los principales síntomas de la depresión. La depresión adolescente también puede manifestarse de otras maneras.

• Pérdida de interés por la actividad física cuando el ejercicio siempre ha sido importante.
• Una caída repentina en las calificaciones en la escuela
• Cambios en los hábitos alimenticios, como pérdida de apetito o comer en exceso
• Comentarios que indican baja autoestima
• Cambios de humor repentinos

Sería bueno que los adolescentes pudieran decirles a sus padres exactamente cómo piensan y sienten, pero a menudo eso no sucede. En cambio, los padres deben prestar especial atención al comportamiento inusual que indica que algo anda mal en la vida de su hijo. La investigación médica en curso está tratando de determinar las causas biológicas de la depresión juvenil.

Se ha descubierto un vínculo entre la obesidad y la depresión. Esto solo tiene sentido si se consideran los síntomas de la depresión infantil. Por ejemplo, un niño con sobrepeso puede desarrollar un complejo de inferioridad debido a las burlas de sus compañeros. Los adolescentes deprimidos pueden comer muchos "alimentos reconfortantes" para consolarse y aliviar los sentimientos de aislamiento. Los adolescentes también pueden tener problemas en la escuela y no se lo dirán a sus padres en casa.

Los adolescentes pueden ser personas muy sensibles. La adolescencia es un período de formación del carácter, y cuando surgen problemas de socialización, pueden ser muy frustrantes. La vida moderna inunda con publicidad de cuerpos bellos, acciones arriesgadas, y jóvenes con miles de seguidores, como si eso fuera lo único y un ideal, cuando en realidad, el éxito y el progreso se logra paso a paso con mucho esfuerzo. Lo inmediato, como camino a la fama, se vuelve claro en la mente del joven, y al no conseguirlo, se frustra rápidamente.

Además, los cambios repentinos de humor también pueden indicar que algo anda mal nuevamente en la vida del joven. Si un niño o niña ha sido abusado física o sexualmente, la depresión adolescente puede ser la respuesta.

Puede ser difícil diagnosticar la depresión en los adolescentes, pero de ninguna manera es imposible. Si sospecha que su hijo puede estar deprimido, lo primero que debe hacer es hablar con él. Si su adolescente no quiere hablar con usted, puede ser necesaria una intervención profesional. Es importante comenzar algún tipo de terapia porque la baja autoestima puede ser devastadora. Cuando se vuelve adulto, la depresión se profundiza y no desaparece. Su adolescente puede convertirse en un adulto deprimido. Por supuesto, uno de los mejores regalos que puede darle a su hijo es una lluvia de amor.

Depresión en el lugar de trabajo

Una de las mejores maneras de tratar la depresión es conocer los síntomas. La depresión le puede pasar a cualquiera, y saber reconocerla es el primer paso para tratarla. Existen muchos casos de depresión relacionados con el ámbito laboral. Aquellos que trabajan en oficios muy estresantes o menos que ideales pueden ser propensos a la depresión.

Si sus empleados sufren de depresión, incluso si su condición está bajo control, es posible que no sean sus mejores operarios. Cuidado con la baja productividad. Recuerde, esto no es un defecto de carácter, sino una enfermedad. A veces, las personas deprimidas dejan de preocuparse por su seguridad. Si nota que toman muchos riesgos innecesarios, eso es una señal. Si no ven el peligro de posibles accidentes, ese es otro indicador.

Tenga en cuenta los cambios de humor frecuentes. Pueden pasar de enojados a tristes e incluso a no cooperar.

Debe tener cuidado con la baja moral. Si parece quejarse de todos los aspectos de su vida, es posible que sufra de depresión.

Si siempre parecen cansados, esto puede ser motivo de preocupación. La depresión puede causar fatiga crónica.

Si estos empleados registran ausencias repetidas al trabajo, podría ser un signo de depresión. En muchos casos los empleados llaman regularmente por síntomas de resfriado y gripe, que también pueden ser un signo de hipocondría (un trastorno que hace que las personas piensen que están enfermas cuando no lo están).

A veces, las personas deprimidas se automedican con drogas y alcohol. Si es obvio, debería ser motivo de preocupación. Este problema debe resolverse lo antes posible.

La depresión en el lugar de trabajo existe y puede tratarse. Como empleador, lo primero que debe hacer es aprender a reconocer las señales. A continuación, debe informarse sobre la depresión. Finalmente, debe alentar a sus empleados a buscar ayuda.

La depresión puede ser una enfermedad extremadamente devastadora. Esto puede causar estrés y tensión dentro de una familia o relación, así como pérdida de productividad, lo que puede generar pérdidas en el lugar de trabajo. Los empleadores pierden dinero debido a la depresión. El dinero perdido debido a los accidentes de trabajo y el ausentismo obliga a los empleadores a aprender a detectar las señales. Los empleadores no pueden tratar ni curar la depresión, pero hay cosas que usted puede hacer para ayudar.

Busque signos de disminución de la productividad. Esto puede ser especialmente preocupante si una persona solía ser muy trabajadora y sus niveles de productividad comienzan a disminuir. Puede haber una causa subyacente, la depresión es posible. Las personas deprimidas a menudo ignoran las advertencias sobre el estrés. Esto puede hacer que los síntomas se manifiesten físicamente. Si sus empleados a menudo se quejan de dolor, esta es otra señal de que la depresión puede ser la causa.

Trate de hablar con su empleado. Tiene que decirle que quiere que sea productivo. Sin embargo, hágale saber que nota un cambio y que está preocupado. No les haga sentir que su trabajo está en peligro. Esto puede empeorar la situación. Si existen programas de asistencia a los empleados, trate de alentarlos a que los utilicen. Este puede ser el primer paso hacia la recuperación.

También debe establecer pautas claras sobre lo que espera de sus empleados. Infórmeles sobre la política de la empresa sobre enfermedades relacionadas con la depresión y el tratamiento al que tienen derecho.

Asegúrese de que los empleados sepan que todo es confidencial. Incluso usted no tiene derecho a saber lo que se discutió en la terapia. Trate de alentarlos a buscar tratamiento para la depresión, ya que, si no se trata, puede tener algunas consecuencias graves.

Si un empleado busca atención médica, es posible que deba permitir un horario de trabajo más flexible. Con el tiempo, compensará el tiempo aumentando su productividad. La depresión severa puede tener consecuencias graves. Cualquiera que amenace con suicidio no se lo debe tomar a la ligera.

Capítulo 4
Ansiedad, características

La ansiedad es un estado emocional causado por la expectativa de peligro o amenaza. Mientras que el miedo es una emoción humana básica asociada al instinto de autoconservación, y aparece directamente en el momento del peligro.

Los conceptos de "miedo" y "ansiedad" no son sinónimos, pero pueden usarse indistintamente cuando se trata de ansiedad situacional (estado en un momento dado).

En el estado normal, la función de autoconservación incita a la acción, pero también hay momentos de apatía en los que se intensifica la ansiedad.

Como hemos dicho, laa ansiedad es una respuesta normal y necesaria del cuerpo a situaciones estresantes o peligrosas. Sin embargo, algunas personas experimentan niveles excesivos de ansiedad, lo que puede afectar su calidad de vida y su capacidad para realizar actividades cotidianas. Algunas características comunes de la ansiedad incluyen:

• **Preocupación excesiva**: Las personas con ansiedad a menudo se preocupan mucho por cosas que son poco probables o que no tienen importancia.

• **Tensión muscular**: La ansiedad a menudo se manifiesta en la tensión muscular, especialmente en el cuello, los hombros y la espalda.

• **Dificultad para concentrarse**: La ansiedad puede dificultar la concentración y la atención, lo que puede afectar la capacidad de una persona para realizar tareas.

• **Fatiga**: La ansiedad puede agotar la energía y hacer que una persona se sienta cansada y sin energía.

• **Dificultad para dormir**: La ansiedad a menudo se manifiesta en problemas para conciliar el sueño o mantener un sueño profundo y reparador.

• **Síntomas físicos**: La ansiedad puede causar síntomas físicos como sudoración, mareos, taquicardia, dificultad para respirar y dolor de cabeza.

Existen varias opciones de tratamiento efectivas para tratar la ansiedad. Algunas opciones comunes incluyen:

Terapia cognitivo-conductual (TCC): La TCC es un tipo de terapia que se centra en cómo los pensamientos y comportamientos influyen en los sentimientos y en la ansiedad. La TCC le ayudará a identificar patrones de pensamiento negativos y a reemplazarlos con pensamientos más realistas y positivos.

Terapia de exposición: La terapia de exposición es una técnica que se utiliza para tratar la ansiedad y los trastornos de pánico. Consiste en exponer a una persona de manera controlada a lo que le causa ansiedad o miedo, lo que le permite aprender a manejar esos sentimientos de manera más efectiva.

Medicamentos: Los medicamentos pueden ser efectivos para tratar la ansiedad, especialmente en combinación con la terapia. Los medicamentos comunes utilizados para tratar la ansiedad incluyen ansiolíticos, antidepresivos y betabloqueantes. Es importante hablar con un médico o un profesional de la salud mental antes de tomar cualquier medicamento.

Técnicas de relajación: Las técnicas de relajación, como la respiración profunda, el yoga y la meditación, pueden ayudar a reducir el estrés y la ansiedad.

Cambios en el estilo de vida: Algunos cambios en el estilo de vida, como hacer ejercicio regularmente, comer una dieta saludable y dormir lo suficiente, pueden ayudar a reducir la ansiedad.

Es importante encontrar un tratamiento que funcione para usted y ser consistente con él. Si siente que sus síntomas de ansiedad son graves o le están afectando significativamente, es importante buscar ayuda profesional.

Ansiedad y depresión

Ciertas personalidades parecen ser más inductoras de ansiedad. El problema es que el estrés constante puede conducir a la ansiedad y a la depresión. Se ha descubierto que las personas que a menudo se sienten ansiosas comparten rasgos comunes, que incluyen:

• Siempre buscan la perfección

• Sentirse como un fracaso cuando no se cumplen las metas.
• Nerviosismo
• A menudo se sienten culpables por algo que hicieron o dejaron de hacer. • No les gusta escuchar críticas sobre ellos mismos.
• Mostrar signos de TOC
• Inventan cosas de las que preocuparse.

Si sus pensamientos te llevan constantemente a la autocrítica, el resultado puede ser el desarrollo de ansiedad y depresión. Si reconoce que tiene una personalidad propensa a la ansiedad, puedes evitar la depresión, tomando medidas para tranquilizarse y no ser tan exigente con sí mismo. Pero incluso si ya se siente ansioso o deprimido, puede aprender a pensar de manera diferente.

La ansiedad y la depresión a menudo son auto infligidas. En otras palabras, se es tan duro con uno mismo que nunca se puede alcanzar la satisfacción. Quiere ser perfecto, pero resulta que nadie puede ser perfecto. Quiere ser todo para todos en su vida, y eso es imposible. Pero debido a estos sentimientos y pensamientos, nunca estará satisfecho con sus esfuerzos. Entonces empieza a decirse que es un perdedor o que no vale nada.

Las personas experimentan diversos grados de ansiedad y depresión. Por ejemplo, es posible que tenga una afección leve que afecte cómo se siente consigo mismo, pero no sus acciones. También puede sufrir de ansiedad y depresión severas, lo que lo hunde cada vez más en un pozo de frustración. Las opciones de tratamiento incluyen autoayuda y terapias reconocidas, como las terapias cognitivas y conductuales. Pero la clave de cualquier terapia es cambiar la perspectiva de uno.

Uno de los síntomas más comunes de la ansiedad y la depresión es pensar que no puede expresarse porque no las personas lo rechazarán. La falta de autoestima significa que siempre se pones en último lugar. También puede tener expectativas infladas, haciendo imposible el éxito. En la terapia, aprende a establecer metas razonables y luego acepta los resultados de sus esfuerzos de manera positiva.

La depresión por ansiedad puede ser debilitante si no se controla. Primero tiene que aprender a amarse a sí mismo. Todo el mundo tiene talentos y habilidades especiales, incluyéndolo a usted. Si usa su energía personal para aprovechar estas habilidades en lugar de suprimirlas, se sorprenderá de lo rápido que puede salir de un agujero negro. Las ideas pueden ser contraproducentes como trampas. Abra la trampa y deje ir los pensamientos negativos y podrá ver la vida desde una perspectiva completamente nueva.

Causas de la ansiedad

Los principales factores que nos provocan un aumento de la ansiedad son la soledad, los problemas en el trabajo, los problemas en las relaciones, la salud, el entorno y todo tipo de conflictos.

Nuestro estilo de vida también tiene un gran impacto. Por ejemplo, es más probable que experimentemos estados de ansiedad si estamos constantemente al teléfono o viendo las noticias en la televisión. El progreso digital ciertamente ha hecho que nuestra vida sea más rápida y mejor, pero esta comodidad la pagamos con un nivel adicional de estrés, nuevos miedos y complejos debido al gran flujo de noticias.

Trate de minimizar la cantidad de horas que pasa en Internet. Salga al aire libre, lea, haga yoga, cocine, haga punto de cruz, construya LEGO: hay muchas más opciones de las que cree.

Etapas de la ansiedad

Alarma de espera. Sufren las personas que prevén la más desfavorable de todas las situaciones posibles. Tal ansiedad puede aparecer en ciertos momentos o perseguir a una persona constantemente.

La ansiedad en forma de fobias está asociada a determinadas situaciones y objetos. Por ejemplo, miedo a la soledad, a las arañas o a la oscuridad. Puede ser un caso clínico si se expresa en forma de ataques de pánico.

Ansiedad neurótica. Esta forma de angustia es la más grave y se encuentra en muchas enfermedades psicológicas: histérica, esquizoide. Hay un nivel patológico de miedo que destruye la salud mental de una persona.

Ahora mismo todo el planeta está con miedo a la espera por el flujo incesante de noticias e incertidumbre. El "miedo a la espera" o "miedo libre" se forma debido al flujo de información en el que estamos constantemente inmersos.

A continuación, se describen las herramientas que ayudan a afrontar la ansiedad situacional, que no tiene relación con los casos clínicos.

A)   Falsa alarma

Los sentimientos de miedo son fáciles de confundir, así que antes de hablar sobre cómo deshacerse de la ansiedad, aprenderemos cómo identificarla.

Hay situaciones en las que no distinguimos entre emociones, por lo que se forma la llamada "falsa alarma". En este caso, lo primero que pueden aconsejar los psicólogos es aprender a aislar la ansiedad de un gran flujo de otras emociones. Observe por sí mismo: en qué situaciones se siente abrumado por la ansiedad. Divida estas situaciones en aquellas en las que la ansiedad está justificada y aquellas en las que no lo está.

Por ejemplo, está en un autobús y, al acercarse a una parada, le invade una sensación de ansiedad. Por un lado, esto puede deberse al miedo de perder su parada, o un sentimiento de vergüenza, ya que es vergonzoso pedirle al conductor que detenga el automóvil.

Otro ejemplo: quiere hacerle una pregunta al profesor de la clase, pero tiene miedo de levantar la mano. Este miedo puede surgir de la duda y la expectativa de que los compañeros de clase se rían de usted.

A veces la ansiedad nace de algunos otros sentimientos, como la vergüenza o la inseguridad. Al darse cuenta de esto y superarlo, ya no tienes motivo de preocupación, y con ello desaparece el estado de ansiedad.

B)   Detalle

La ansiedad a menudo surge de la incertidumbre en las acciones y sentimientos. Primero, trate de averiguar qué causa la ansiedad. Por ejemplo, le preocupa que lo despidan de su trabajo. Antes de entrar en pánico, mire los hechos: mire el estado del mercado y el área en la que opera su empresa, evalúe la carga de trabajo y pronostique el plan de tareas para el próximo mes. Y esto aplica no solo para el trabajo, sino para cualquier área en la que sientas ansiedad.

Por lo general, tal ejercicio ayuda a ver la imagen real. Si entiende que mientras todo está bajo control, puede exhalar, si no, proceda a su detallado. Redacte un plan de acción detallado que le ayude a evitar la incertidumbre y le diga cómo actuar en cualquier situación:

•   Describa qué habilidades tiene y dónde podrían ser útiles. Por ejemplo, ser ilustrador o photoshop, tener licencia de conducir y ser dueño de un automóvil, habilidades de redacción, etc.

•   Edite su currículum y prepare algunas cartas de presentación para el empleador sobre usted.

•   Forme usted mismo la gama de sus servicios, empezando por las actividades más preferidas y terminando por las menos interesantes.

•   Redacte una lista de posibles empleadores a los que puedes ofrecer sus servicios. Cuanto más grande, mejor.

•   ¡Escríbales!

El trabajo realizado le ayudará a sentirse más seguro y tener un plan para salir de una situación de crisis.

A veces la ansiedad surge de la creencia de que no vamos a hacer frente a tal o cual acción. Una imagen visual de sus habilidades siempre le ayudará a creer en usted mismo. Cuando lea su lista, se darás cuenta de que puede lograr mucho, a pesar de las circunstancias.

Capítulo 5
Abordaje

Los médicos tienen términos especiales para los problemas médicos y la depresión clínica es uno de ellos. La investigación médica continúa y los resultados se publican en revistas especializadas con acceso a toda la comunidad científica. Esto se aplica a todas las condiciones médicas que están siendo investigadas. El objetivo es encontrar las causas y tratar cada afección, identificando primero los síntomas comunes. Si le diagnostican depresión clínica, simplemente significa que cumple con la definición actual de lo que la ciencia médica considera depresión verdadera.

Una vez que se diagnostica depresión clínica, hay varias opciones de tratamiento disponible. Estos incluyen terapia cognitiva y conductual, terapia interpersonal y medicamentos. Puede hacer algunos componentes del tratamiento sin una cita con el médico. Por ejemplo, puede aprender a detener los pensamientos negativos sobre sus habilidades y su autoestima. Puede llevar un diario o volverse más activo. Pero para muchas personas, la depresión clínica debe ser tratada por un especialista de la salud.

Los médicos que tratan estas afecciones a menudo combinan medicamentos con uno o más tratamientos. El objetivo es mantener el medicamento lo más bajo posible cuando finalmente se suspenda. La terapia cognitiva ha demostrado ser muy eficaz en el tratamiento de la depresión en ensayos controlados. A través de la terapia cognitiva, puedes aprender a amarse a sí mismo cambiando la forma en que se autopercibe.

La terapia interpersonal implica el análisis sobre otras personas o eventos que pueden desencadenar la depresión. También puede simplemente aumentar su autoestima y permitirle tener mejores relaciones. Por otro lado, la terapia conductual puede ayudar a cambiar los comportamientos autodestructivos y prender a disfrutar de algunas actividades de nuevo. La terapia conductual se usa a menudo junto con la terapia cognitiva para tratar la depresión clínica.

Varios medicamentos se usan comúnmente en el tratamiento. Estos incluyen inhibidores selectivos de la recaptación de serotonina (ISRS) y tricíclicos. Los antidepresivos casi siempre se prescriben cuando alguien tiene pensamientos suicidas. En otros casos, se puede prescribir por un corto período de tiempo, dejando al paciente en terapia cognitiva y conductual. Por supuesto, solo un médico puede recetar medicamentos para la depresión clínica. Pero hay diferentes tipos de psicoterapeutas que ofrecen otras opciones de tratamiento. Estos incluyen psicólogos clínicos y psiquiatras. Los psiquiatras pueden recetar medicamentos y proporcionar terapia cognitiva, conductual y de grupo. Los servicios de un consejero capacitado también están disponibles para quienes padecen depresión leve, y así evitar que se haga crónica.

La depresión clínica es, por así decirlo, la depresión que se ajusta al patrón. Todas las depresiones son tratables y no hay razón para que nadie se sienta solo o desamparado. Hay muchas opciones de tratamiento diferentes, y todas funcionan. Por lo tanto, si sospecha que puede estar deprimido, es importante buscar ayuda de inmediato.

Los expertos en psiquiatría dicen que la depresión es una enfermedad mental que a menudo se caracteriza por períodos prolongados de tristeza y pesimismo. Pero una persona que está deprimida y frecuentemente odia al mundo que le rodea, no significa que esté deprimida, porque puede ser parte de su personalidad. Sin embargo, si el comportamiento continúa, con una sensación de vacío, pérdida de autoestima y desesperanza; invariablemente ella está mostrando un cuadro depresivo.

Además, existen varios tipos de depresión, empezando por la manía o la depresión bipolar, que se caracterizan por cambios repentinos y extremos en el estado de ánimo de una persona, donde, de muy eufórico en un minuto, pasa a muy deprimido al minuto, día o semana siguiente. Es como estar en un infierno personal.

La distimia no es tan grave, pero debe tratarse lo antes posible. Luego está la depresión posparto, que involucra el estrés extremo del parto y el miedo de cuidar a un recién nacido; esto también debe abordarse de inmediato.

Suele ocurrir que la depresión ocurra durante el cambio de estaciones, especialmente en invierno: cambios de humor y sentimientos melancólicos, irritabilidad e ira. La forma más común de depresión es la depresión por ansiedad. Si bien es normal preocuparse por las cosas cotidianas, pero cuando se vuelve patológico, la ayuda de un profesional se hace inevitable.

El TAG (Trastorno de Ansiedad Generalizada) se da cuando una persona experimenta sentimientos crecientes de paranoia y estrés sin razón conocida; también aparecen síntomas como insomnio y dificultad para concentrarse. Pero la buena noticia es que hay tratamientos disponibles, y si nota estos síntomas, debe consultar a un terapeuta que determinará su estado mental y lo tratará en consecuencia. Se pueden recetar medicamentos para ayudar a calmar los nervios, por lo que, con el terapeuta y la medicación adecuada, estará bien encaminado hacia la recuperación.

Tratamiento médico

A veces, los médicos recetan medicamentos para la depresión grave, pero en muchos casos los pacientes no responden, por lo que la medicación no es adecuada para todos, y depende del caso individual. Los médicos solo recetarán medicamentos como último recurso si una persona está gravemente deprimida y quiere terminar con su vida, o si la persona tiene delirios y puede volverse violenta, y también si la depresión se repite con frecuencia y afecta la vida de la persona.

Se pueden administrar medicamentos para la depresión si todo lo demás se ha intentado y ha fallado, o si la persona no responde a la psicoterapia y es violenta e incontrolable. Los médicos buscan medicamentos solo después de investigar la causa de la depresión profunda; por ejemplo, profundizan en el pasado y en el presente de una persona para determinar el mejor curso de tratamiento. Si todo lo demás falla, recetarán medicamentos.

Diferentes tipos de medicina

Hay varios tipos de medicamentos que se pueden recetar; se suelen utilizar tranquilizantes o serotonina tricíclica o benzodiazepinas. Estos medicamentos se recetan porque hay cantidades incorrectas de sustancias químicas en el cerebro que causan disfunción de los neurotransmisores, lo que a su vez genera mucha preocupación y estrés.

Hay una gran cantidad de antidepresivos y sedantes utilizados para el tratamiento humano. Pero los médicos deben considerar la capacidad del individuo para absorber el fármaco y decidir si es apropiado. Muchos medicamentos tienen efectos secundarios desagradables, por lo que no se recomienda su uso prolongado; otros son adictivos y, como cualquier droga agresiva, deben eliminarse lentamente. Estos medicamentos son muy fuertes y solo debe prescribirlo un médico como último recurso. Algunos medicamentos no son tan efectivos como los antidepresivos; es decir, no atacan a los mismos químicos, pero actúan y estabilizan el estado de ánimo.

No todas las personas pueden tomar estos medicamentos, especialmente si está embarazada o toma otros medicamentos, y los dos no se pueden combinar. Por otro lado, algunos medicamentos pueden tomarse juntos de manera segura. Su médico le indicará lo que es adecuado.

Es mejor tratar la causa raíz tanto como sea posible con una consulta exhaustiva. Solo cuando no hay respuesta y el cuadro empeora podemos recurrir al tratamiento farmacológico. Debido a la potencia y los efectos secundarios de los antidepresivos, a muchos les resulta aburrido seguir tomándolos y se dan por vencidos. Cuando la enfermedad regresa, no tienen más remedio que volver a la medicina.

Prueba de depresión

A veces puede ser difícil distinguir entre los altibajos normales del estado de ánimo que experimentan las personas en la vida y la depresión. Pero cuando sospecha que debería sentirse mucho mejor consigo mismo y con su mundo de lo que se siente ahora, hacerse una prueba de depresión puede proporcionarle una dirección importante.

La depresión no tiene forma. Puede tener muchos síntomas y no hay dos personas iguales. Pero hay algunos síntomas que ocurren con frecuencia que pueden usarse para determinar su estado emocional. Como mínimo, hacerse la prueba de depresión puede ayudarlo a decidir si consultar a un médico. Otra ventaja de usar un test de depresión como barómetro de su estado emocional es que, si está deprimido, puede ser difícil identificar los síntomas.

Una prueba de depresión es simplemente una lista de verificación de síntomas que, una vez identificados, se aplican a su situación. Es sorprendente cuántas personas no se dan cuenta de que tienen depresión leve o que la depresión ha cambiado sus vidas. Hay muchas manifestaciones de la depresión y es imposible mencionarlas todas. Las personas que sospechan que tienen depresión, o los familiares o amigos que no están seguros de cómo reconocer la depresión en un ser querido, pueden usar este tipo de prueba. Es importante reconocer la depresión lo antes posible o puede empeorar. Como regla general, considere si experimenta alguno de los siguientes síntomas durante más de 2 semanas.

• Cree que su vida está fuera de control
• Cree que su vida no importa
• Convencido de que, si muere, nadie le extrañará
• No puedes tomar ninguna decisión, ni siquiera las pequeñas.
• No espera nada agradable en absoluto
• Sentirse incómodo todo el tiempo.
• Experimenta llanto frecuente e inexplicable
• No puede disfrutar de estar con amigos o participar en actividades.
• Deja de hacer ejercicio
• Estás renunciando a algo que solía amar
• Evita las multitudes si es posible.
• Se siente solo todo el tiempo.
• Ya no disfruta estar con su familia
• Siente que nadie le comprende
• Pérdida de apetito
• No puedo dormir o duerme demasiado

Las pruebas de depresión pueden cubrir muchos más síntomas, pero pueden darle una buena idea de qué cosas debe buscar. Como puede ver en la lista, la depresión le afecta mucho más que solo el estado de ánimo. También puede afectar su cuerpo y sus relaciones. Una vez que haya realizado la prueba de depresión, el siguiente paso es comenzar a realizar un seguimiento de sus cambios de humor. Al crear un diario emocional, ahora puede presentar algo muy tangible y muy elocuente a su médico o terapeuta. También le da una imagen clara de lo que está pasando, lo cual es muy terapéutico en sí mismo.

Tratamiento de la depresión sin efectos secundarios

Desde el final de la Segunda Guerra Mundial, el número de depresiones ha aumentado dramáticamente en todo el mundo. La depresión es una enfermedad que puede destruir vidas y familias. Muchas personas prueban diferentes tratamientos antes de mostrar una mejoría. Muchos no tienen tanta suerte y pagan el precio final.

Los medicamentos y las drogas son una forma de tratar la depresión. Sin embargo, en los últimos años ha habido críticas sobre la cantidad de medicamentos que se receta. La depresión se puede tratar de forma natural y, si es posible, se deben probar primero los remedios naturales:

Una buena noche de sueño es esencial. El sueño está estrechamente relacionado con el estado de ánimo.

Cuando estamos cansados, reaccionamos a las cosas de manera diferente que cuando estamos bien descansados. Recuerde dormir regularmente.

Se debe evitar la cafeína y otros estimulantes. Le dan un impulso de energía a corto plazo, pero se sabe que disminuyen los niveles de serotonina. Los niveles bajos de serotonina son una de las principales causas de la depresión.

Tomar un multivitamínico diario. Esto es especialmente importante si su estilo de vida le obliga a saltearse comidas. La deficiencia de vitaminas está asociada con la depresión.

Intente ponerse en contacto con su lado espiritual. Esto se puede hacer de varias maneras. Si lo suyo es la iglesia, esta es una gran oportunidad. También puede considerar la oración, la meditación o el yoga. No tiene que ser religioso para ser espiritual. Hay muchas maneras de lograr la paz mental.

Con el tiempo, es posible que desee intentar hacer más ejercicio. Esto no significa entrenamiento de maratón. Comience lentamente y aumente si siente la necesidad. El ejercicio ayuda a liberar endorfinas, haciéndole sentir más fuerte. Ser más activo también es bueno para la salud. Además del hecho de que los métodos naturales pueden ser muy efectivos para usted, también tienen otros efectos positivos en su salud en general.

Tratamientos naturales

Los métodos naturales no siempre son los mejores o los más efectivos. Sin embargo, si la depresión no es severa y no tiene tendencias suicidas o está incapacitado, se recomienda que al menos pruebe remedios naturales.

Se deben probar muchos remedios naturales antes de probar medicamentos y drogas. Algunas personas han probado un remedio natural conocido como hierba de San Juan. Se sabe que mejora el estado de ánimo en algunas personas con depresión sin causar efectos secundarios.

Las personas con depresión deben evitar el consumo excesivo de alcohol. El alcohol es un depresor, por lo que ralentiza su cuerpo. Puede reaccionar químicamente con su cuerpo y empeorar su condición. El alcohol también es una toxina que el organismo no necesita. Otro remedio natural para la depresión que la gente prueba son las vitaminas y minerales. Uno de los síntomas de la depresión es un cambio drástico de peso. Si no obtiene una nutrición adecuada, el problema solo empeorará. La depresión también puede afectar la concentración, y ciertas vitaminas y minerales se consideran ayudas mentales. Estos incluyen vitaminas B y ácido fólico.

Otro remedio natural para la depresión es cambiar sus hábitos alimenticios. Por ejemplo, el pavo contiene un aminoácido que ayuda a producir serotonina. Otros alimentos incluyen la leche y las papas.

También puede comer alimentos ricos en ácidos grasos omega-3, como la soja y el pescado. Todos estos alimentos ayudan a su cerebro a producir sustancias químicas que proporcionan suficientes nutrientes y, con suerte, reducen la depresión.

Las personas han probado muchos otros tratamientos naturales para la depresión, que incluyen:

• **Azafrán:** a menudo se considera un reconstituyente para estados depresivos, aunque puede tener efectos secundarios significativos cuando se consume en grandes cantidades.

• **5-HTP.** Un suplemento llamado 5-hidroxitriptófano (también conocido como 5-HTP) funciona restaurando los niveles de serotonina, lo que a su vez mejora el estado de ánimo. No hay suficiente investigación en esta área. Existe la preocupación de que el uso de 5-HTP pueda causar trastornos neurológicos graves, pero el vínculo entre los dos no está claro. Otro problema de seguridad es que el 5-HTP puede aumentar el riesgo de síndrome serotoninérgico, un efecto secundario grave, cuando se toma con ciertos antidepresivos recetados.

• **DHEA.** La dehidroepiandrosterona, también llamada DHEA, es una hormona que genera el cuerpo. Los cambios en los niveles de DHEA se han relacionado con la depresión. Varios estudios preliminares muestran una disminución en los síntomas de depresión cuando se toma DHEA como suplemento dietético, pero se necesita más investigación.

Si desea evitar la medicación o no tiene el tiempo o el dinero para los tratamientos tradicionales para la depresión, debe investigar y probar remedios naturales para la depresión.

Independientemente de su estilo de vida, tómese un tiempo para comer sano con un plan. Puede considerar la terapia cognitiva conductual. Esto le ayudará a ajustar su forma de pensar y crear un sentimiento más positivo.

Recuerde: Sus pensamientos afectan directamente su estado de ánimo. Cuanto más negativos sean, más probable es que se deprima. Si vive un estilo de vida estresante, la capacitación en manejo del estrés puede ser adecuada para usted. El estrés puede ser la causa de diversas enfermedades, no solo de la depresión. Mantener sus niveles de estrés bajos y aprender a lidiar con situaciones altamente estresantes puede ayudarlo mucho a lidiar con los problemas diarios.

Podría tratar de ayudar a otros. A veces, ser voluntario y apoyar a los menos afortunados puede ser útil para su salud mental. Esto puede ser muy beneficioso y eliminar algunos de sus pensamientos negativos, a la vez que cambia su cosmovisión de la vida.

No se sienta mal si los métodos naturales no funcionan. Puede tomar medicamentos si le ayudan. Al menos puede estar abierto a probar métodos naturales.

Hay otros métodos naturales que se pueden utilizar para aliviar la depresión, uno de ellos son las técnicas de relajación, que son conocidas por tratar los síntomas visibles que la generan. Al descansar, puede normalizar el ritmo cardíaco y recuperar el enfoque y la concentración. También puede ayudar a reducir la presión arterial y prevenir pensamientos oscuros que conducen a la depresión.

Técnicas de relajación muscular

Este método natural, que existe desde hace más de 50 años, le muestra cómo relajar los músculos para aliviar la tensión en todo el cuerpo.

Si se siente deprimido, puede afectar sus relaciones con las personas cercanas a usted: relajar los músculos ayuda a aliviar la tensión, por lo que su mente se vuelve clara y enfocada, y podrá comunicarse mejor con quienes lo rodean.

Puedes tomar un curso de relajación o buscarlo en línea para obtener todos los consejos que desee. Si necesita terapia, una combinación de los dos mejorará su estado de ánimo y su estado físico.

Una característica muy importante de este método natural es que debe hacerse regularmente, no de forma intermitente, para que sea útil. Se debe implementar y mantener un horario diario. Además de este programa, puede agregar otros contenidos como la meditación, que es conocida por despejar la mente y llenarla de pensamientos tranquilos y relajados. Otra forma de relajación es el yoga, que es bueno, tanto para la mente como para el cuerpo, ya que calma, elimina el estrés de su sistema y le ayuda a concentrarse en pensamientos positivos.

La actividad física regular es importante y puede ayudar a todos, no necesariamente solo a quienes sufren de depresión. Así que adelante, comience a lograr sus objetivos y avance hacia una vida activa y libre de estrés.

La meditación puede darle el espacio y el tiempo para desarrollar la quietud y la paz interior. Puede meditar en cualquier lugar, solo tiene que parar un momento, respirar hondo e intentar entrar en uno mismo.

¿No sabe cómo meditar? Siga estos sencillos pasos:

1. Hay muchas técnicas (vipassana, mindfunness, focused, zen, etc.) Encuentre la información y elija su favorita.

2. Elija un lugar adecuado donde no lo molesten y se sienta cómodo.

3. Encuentre tiempo para la práctica. Por supuesto que puede reservar unos minutos para la meditación todos los días.

4. Recuerde que el mejor momento para concentrarse y relajarse es temprano en la mañana o tarde por la noche, pero depende de sus compromisos diarios.

5. Use ropa cómoda. No se preocupe, nadie le verá.

6. Algunos pasos: Puede meditar sentado en una silla o en el suelo, con las piernas cruzadas, de rodillas o tumbado, pero sea cual sea la posición que elija, mantenga la espalda recta, los hombros y los brazos relajados y no se sienta tenso. Si decidimos sentarnos, ponemos las manos en el regazo, estiramos el cuello y metemos la barbilla. Si nos acostamos y meditamos, podemos tomarnos unos minutos para relajarnos y respirar profundamente hasta que estemos listos. Lo más importante es estar cómodo.

7. Concéntrese en el objeto o en la respiración.

8. Visualice sus pensamientos y luego déjalos ir. Esto no quiere decir que la mente se quede vacía, pero debe evitar los problemas cotidianos.

9. A medida que se sienta más seguro, aumente su tiempo de meditación cada día.

10. Haga de la meditación un hábito. No la abandone.

Tratamiento de la depresión: terapia de conversación

Lidiar con la depresión puede ser difícil y agotador. Esto crea estrés y tensión en la vida de los pacientes deprimidos y sus seres queridos. Puede ser necesario probar varios tipos de terapia antes de ver una mejoría. Una de esas opciones es la psicoterapia.

La terapia de conversación puede ser de gran ayuda en el tratamiento de la depresión. Esto incluye varios tipos de asesoramiento con un psicólogo, psiquiatra o terapeuta. La terapia de conversación puede ayudar a las personas deprimidas a expresar sus sentimientos. También hace que los dos trabajen juntos para tratar de encontrar la raíz del problema.

La terapia de conversación varía, pero la mayoría incluye los mismos elementos clave. La primera es la parte de escucha. El terapeuta escucha los problemas del paciente. Con el tiempo, la persona desarrolla una relación con el terapeuta en la que se siente comprendida. Luego viene la redención emocional. Esto es lo ideal, pero suele tardar un tiempo.

Por otro lado, si la conversación no se dosifica adecuadamente, dar rienda suelta a los sentimientos con demasiada frecuencia puede ser contraproducente y conducir a una mayor depresión.

Prosigue el consejo y la orientación del especialista, a la vez que los pacientes suelen buscar respuestas por sí mismos a través de las sesiones o las tareas que le propone el profesional.

Finalmente, se le brinda al paciente consejos y pautas de comportamiento: Los datos y sugerencias proporcionados son pequeños pasos a seguir, pero pueden aumentar a medida que se avanza con la terapia. Las personas con depresión a veces tienen dificultad para concentrarse y los aqueja la mala memoria, por lo tanto, la información brindada debe darse con precaución.

La psicoterapia puede ser muy eficaz para tratar la depresión, pero requiere tiempo. Es posible que se requieran múltiples sesiones y que la familia del paciente deba participar. La terapia de conversación puede ser muy útil para la depresión leve a moderada, pero los casos graves a menudo requieren una combinación de conversación y medicación.

La psicoterapia, un tratamiento popular para la depresión, consiste en un tratamiento a corto plazo, generalmente de 10 a 20 semanas, que puede producir resultados positivos para las personas afectadas. Este tipo de terapia realmente ha ayudado al individuo al lograr que gradualmente descubra sus sentimientos y llegue a la raíz del problema, incluso la raíz de la depresión. Un intercambio verbal saludable entre el terapeuta y alguien con depresión es muy útil, ya que le permite discutir y hablar sobre cosas que han estado en su mente.

La depresión no debería ser algo que la gente tema, sino que las personas con el trastorno deben comenzar a asumir la responsabilidad de sus vidas y realmente enfrentar la enfermedad y combatirla. La vida es demasiado buena para desperdiciarla, ¿qué tipo de persona sería si pasara la mayor parte de su vida echando humo por cada pequeña cosa? Es posible que la depresión no mate el cuerpo físicamente, pero seguro que puede matar la mente si no se controla. No seas una víctima.

Tratamiento de la depresión: fototerapia

La depresión es algo que puede destruir vidas. Por supuesto, la vida de las personas enfermas también se ve afectada, pero también sus vidas más cercanas. Las familias y allegados sienten el estrés casi tanto como las víctimas. Otras áreas de la vida también son vulnerables. El trabajo se verá afectado, así como las interacciones sociales. Afortunadamente, hoy sabemos mucho más sobre la depresión.

Hay muchos tipos de tratamiento para la depresión. A veces, se pueden necesitar varios de ellos o combinarlos antes de que se produzca una mejoría. Se ha demostrado que la luz reduce los niveles de melatonina en el cerebro (Una sustancia química que puede hacer que las personas se sientan tristes y deprimidas). Muchas personas con depresión experimentan una mejora significativa al sentarse frente a una luz brillante durante al menos 4 horas al día.

Las cajas de luz se pueden utilizar para la terapia de luz. A medida que cambian las estaciones, muchas personas comienzan a sentirse deprimidas. Los días comienzan a acortarse y el clima se oscurece. Esto reduce la cantidad de luz solar a la que estamos expuestos naturalmente, por lo que nuestros niveles de serotonina comienzan a disminuir. Hace que todos se sientan un poco deprimidos, pero las personas con depresión pueden sentirse peor. La caja de luz requiere que una persona se siente al frente de ella. Pueden continuar con la actividad siempre que estén a 2 o 3 pies de distancia de la caja. La luz ayuda a recuperar los niveles de serotonina y puede ayudar a reducir las posibilidades de depresión.

La terapia de luz también ha demostrado su eficacia en otras áreas. Se ha demostrado que ayuda a los trastornos del sueño, así como a restablecer nuestro reloj biológico.

Ayudarse a sí mismo a lidiar con la depresión

Si actualmente se siente fuera de lugar, completamente fuera de sí, básicamente odiando e ignorando casi todo y a todos, intente pedirle a un psiquiatra que lo revise para averiguar por qué tiene estos pequeños cambios de humor. El comportamiento que trata de ignorar por un tiempo en realidad puede ser un síntoma de un problema más serio. Actúe rápido, porque si no lo hace, definitivamente tendrá más dificultades para curar esta enfermedad, especialmente cuando el autoengaño comienza a instalarse. De hecho, comience con llevar su actitud deprimida al hospital y obtener un diagnóstico de un psiquiatra que realmente lo ayude a lidiar con la depresión y responda todas sus preguntas.

No importa cuán desalentadora o abrumadora sea la tarea, el camino hacia una buena salud mental es la ayuda, ya sea de su familia, amigos, grupos de apoyo y, lo que es más importante, de usted mismo. El viejo adagio "lento pero seguro" se aplica al tratamiento de la depresión cuando el paciente continúa tomando la medicación recetada terapéuticamente y luego trabaja con un terapeuta cognitivo conductual. Las personas que reciben tratamiento para la depresión necesitan toda la ayuda y el apoyo que puedan obtener.

Al tratar la depresión, se alienta a los pacientes, sus familias y otros cuidadores a establecer metas realistas para la depresión y no asumir que su enfermedad mental se puede curar de manera milagrosa, inmediata y fácil.

Ayudar a erradicar a la depresión comienza tratando de comprender lo que le ocurre a la persona que la padece. Quién lo acompañe debe ser paciente y servicial, porque ayudar al padeciente nunca es fácil, y tratar la depresión en sí misma no es fácil, por lo que tanto el paciente como su ser querido deben estar allí, para trabajar y ayudarse mutuamente.

Si usted es quien padece de depresión, ayúdese a salir de ella sin establecer metas inalcanzables ni ser demasiado duro consigo mismo. Incluso si cree que es lo suficientemente bueno y fuerte para lograr sus objetivos, tiene sentido que solo dé un paso a la vez.

Medicación para la depresión

Los antidepresivos son un asunto serio porque son medicamentos poderosos que afectan el funcionamiento del cerebro. No deben tomarse a la ligera y algunos incluso son adictivos. Hay una razón por la que todos los antidepresivos están estrictamente controlados. Solo deben usarse bajo la supervisión de un médico. Sin embargo, no todos quieren recurrir a medicamentos para la depresión para aliviar sus síntomas. Todos deben trabajar con su profesional de la salud para determinar qué opciones de tratamiento son adecuadas para su situación.

Algunas personas prueban todos los demás tratamientos primero, mientras que otras comienzan un curso combinado de medicamentos y terapia. Estas otras terapias pueden incluir terapia grupal, terapia cognitiva conductual e incluso terapia de autoayuda, entre otras. Entonces, ¿cómo saber que tomar un antidepresivo es la elección correcta? Lo primero que miran la mayoría de los médicos es cuánto tiempo ha tenido depresión y qué tratamientos ha probado. Otros factores que determinan la decisión de utilizar antidepresivos son los valores religiosos, otros medicamentos que se estén utilizando actualmente, el embarazo y la tendencia a la adicción a las drogas. Como puede ver, tomar medicamentos para esta condición oscura puede ser una decisión muy difícil. En nuestra sociedad, a menudo vemos las drogas como una solución rápida para cualquier problema que nos aflija. Pero incluso si usted y su médico deciden probar medicamentos, estos no funcionarán de inmediato. No existe una cura rápida para la depresión. Es posible que le lleve meses mejorar, y pueden pasar semanas antes de que note un cambio en su depresión. Mientras tanto, debe continuar con cualquier otro tratamiento que esté usando actualmente para controlar las molestias.

Una de las consideraciones más importantes al decidir si usar medicamentos para la depresión es la gravedad de la enfermedad. Está severamente deprimido si tiene trastorno bipolar o la depresión dura al menos 2 horas al día. Si la depresión le impide trabajar y le causa otros problemas graves en su vida, inicialmente se puede tratar con medicamentos. La ventaja de los medicamentos es que se pueden suspender en el futuro. Puede usarlos según sea necesario durante unos meses, luego dejar de usarlos cuando otros tratamientos funcionen o su depresión desaparezca.

Los tratamientos no farmacológicos para la depresión pueden conducir a cambios beneficiosos a largo plazo en el pensamiento y en el estilo de vida. Los medicamentos son una solución a corto plazo, excepto en los casos más graves. Aprender un diálogo interno positivo o un pensamiento positivo son técnicas que puede usar en cualquier lugar.

Al usar medicamentos para la depresión, puede ser necesario probar varios medicamentos para obtener la mejor combinación de ellos. También debe tener en cuenta que la mayoría tienen efectos secundarios, pero pueden variar de persona a persona. Esta es otra razón por la que necesita la supervisión constante de expertos.

Encuentre el medicamento adecuado para la depresión

En realidad, hay varios antidepresivos diferentes que se usan para diferentes tratamientos. Los inhibidores selectivos de la recaptación de serotonina, o variantes de ISRS, son los más populares, seguidos de los tricíclicos, mientras que otra variante popular es el inhibidor de la monoaminooxidasa o IMAO. Las variantes de ISRS son más seguras que los tricíclicos porque tienen menos efectos secundarios. Nunca mezcle ansiolíticos o tranquilizantes con antidepresivos. Aunque estos medicamentos contra la ansiedad a menudo se recetan junto con medicamentos para la depresión, en realidad no curan la depresión. Su único propósito es ayudar a calmar los nervios, por lo que las personas con depresión aún necesitan tomar medicamentos para ello.

Estos medicamentos en realidad tienen algunos efectos secundarios comunes, generalmente los tricíclicos. Para algunas personas, estos fenómenos no son importantes, pero si se vuelven demasiado molestos, lo mejor es consultar a un médico de inmediato y reportarlo. Los efectos secundarios muy comunes de los medicamentos para la depresión incluyen:

Sequedad de boca: si tiene la sensación persistente de que no está hidratado, es una buena idea tener cerca un poco de agua (limpia y potable) para beber si experimenta sequedad de boca. También puede masticar chicle sin azúcar y cepillarse los dientes después de cada comida para contrarrestar este efecto.

Estreñimiento: este malestar se puede curar comiendo bien y con mucha fibra para ayudar a la digestión.

Visión borrosa: este efecto suele desaparecer rápidamente, pero si se vuelve demasiado molesto, comuníquese con su médico de inmediato.

Dolores de cabeza: comunes con los medicamentos más nuevos para la depresión, no son un gran problema y en realidad desaparecen en poco tiempo.

Insomnio: las personas que toman medicamentos por primera vez pueden experimentar este efecto secundario, pero generalmente solo durante las primeras semanas después de tomarlo. Esto puede ayudar al médico a reducir la dosis del antidepresivo. Además de la hora del día en que lo tomas, podría estar relacionado con sus problemas de sueño. Encuentre el tratamiento adecuado para la depresión.

Ninguno de estos medicamentos es completamente barato, pero deben sopesarse con el costo negativo de esta enfermedad en la vida de una persona y los costos emocionales y financieros resultantes. La depresión a menudo interfiere con las actividades diarias y el funcionamiento normal de un individuo, y el entusiasmo por la vida se desvanece rápida y fácilmente. En lugar de una personalidad alegre, es una persona que más o menos se odia a sí misma, carece de confianza, trata de aislarse del mundo y no le importa nada de los demás.

Además, las personas con depresión no son las únicas que padecen esta devastadora enfermedad, y sus seres queridos seguramente seguirán su ejemplo. Ver a las personas crecer en estos tiempos difíciles básicamente sin nada de qué preocuparse y es probable que nadie se deprima no solo por sí mismos sino también por sus seres queridos. El tratamiento de la depresión en realidad comienza cuando el paciente admite abiertamente su enfermedad, simplemente siendo honesto consigo mismo.

Desde varios medicamentos, como el antidepresivo Zoloft para la depresión, hasta varias psicoterapias que prometen ser el mejor tratamiento para la depresión, los pacientes y sus familias están seguros de lograr los mejores resultados positivos posibles.

Resumen de tratamientos para la depresión

Hay muchos tratamientos para la depresión y, a menudo, se usa más de uno al mismo tiempo. Los tratamientos más comunes hoy en día son los siguientes.

- Terapia cognitiva
- Terapia de grupo
- Medicación
- Terapia de comportamiento
- **Terapia interpersonal**

La mayoría de los tratamientos para la depresión incluyen llevar un diario como primer paso, o incluso llevar un diario de actividades si la depresión es demasiado grave para realizar actividades importantes. Un diario puede ser una herramienta importante para que usted y su terapeuta identifiquen los desencadenantes de la depresión. También es una gran manera de reconstruir su vida.

Uno de los beneficios de escribir un diario para la depresión es que lo obliga a participar en actividades que mejoran su vida. Esto puede ser muy importante si la depresión interfiere con su capacidad para pensar o funcionar normalmente. Por ejemplo, si escribe sus sentimientos y pensamientos, será más fácil reconocer los pensamientos negativos que están fuera de control. Escribir un diario puede revelar cosas como sentimientos de fracaso o ansiedad. Al identificar sus pensamientos, un terapeuta puede ayudarlo a encontrar la causa de su baja autoestima.

Otro de los beneficios de utilizar diarios y bitácoras en los tratamientos para la depresión es que le obliga a emprender una actividad para mejorar su vida. Esto puede ser muy importante cuando la depresión ha interferido con su capacidad para pensar o funcionar normalmente. Por ejemplo, si lleva un registro de lo que siente y de sus pensamientos, será más fácil identificar el pensamiento negativo que se sale de control. Un diario puede revelar cosas como sentimientos de fracaso o ansiedad. Con la identificación de los pensamientos, un terapeuta puede ayudarte a buscar la causa de la falta de autoestima.

Un registro de actividad es un registro útil durante cualquiera de los tratamientos para la depresión para realizar un seguimiento de lo que debe hacer en su vida para mantenerse encaminado. Las personas con depresión a menudo deciden que ya no les importa nada ni nadie. Desafortunadamente, esto puede tener graves consecuencias si no paga las facturas o deposita dinero en su cuenta bancaria. Algunas personas con depresión, simplemente se descuidan. Dejan de darle importancia a las tareas fundamentales como recoger a los niños en la escuela. Incluso pueden decidir qué comer es demasiado problema. Es por eso que algunas personas con depresión pueden tener una pérdida de peso repentina y severa.

Cuando las personas se deprimen, la mente se concentra en pensamientos oscuros y profundos que suelen ser autocríticos. Si se dice a sí mismo que no puede hacer nada bien, el siguiente pensamiento lógico es: ¿por qué intentar? Así es como funciona la depresión. Se vuelve cada vez más profunda si no se la trata. A excepción de los medicamentos, los tratamientos para la depresión ayudan a las personas a cambiar sus patrones de pensamiento para que se vean a sí mismos como capaces y positivos.

Es difícil para alguien que nunca ha tenido depresión comprender cuán profundo puede llegar a ser el agujero mental. Cuando se lleva un diario o un registro de actividades, se puede aprender a establecer metas simples que sean fáciles de cumplir. El lento descenso hacia el agujero negro se invierte para que pueda comenzar el ascenso hacia la luz. Se hace paso a paso. No existe una cura instantánea para la depresión. Incluso la medicación necesita tiempo para hacer efecto.

Tratamiento de la depresión: terapia ECT

Hoy, entendemos la depresión mejor que nunca. Tenemos varios tratamientos y medicamentos para ayudar a las personas a combatir esta enfermedad y recuperar la mayor cantidad posible de funciones normales. La depresión es una enfermedad terrible y, lamentablemente, puede llevar mucho tiempo ver una mejoría. La mayoría de las terapias y medicamentos tardan mucho tiempo en funcionar de manera efectiva. A pesar de todos los tratamientos disponibles, un pequeño porcentaje de personas parece incapaz de recibir un tratamiento convencional. La terapia TEC (terapia electroconvulsiva) se puede usar para aquellos que no parecen responder a otros métodos.

Administrar la terapia con TEC no es una decisión fácil. Por lo general, se administra solo cuando todos los demás métodos han fallado. También se usa solo para personas con las formas más graves de depresión, como las que tienen tendencias suicidas o están completamente incapacitadas por la depresión. Cuando un paciente recibe TEC, se le envían impulsos eléctricos al cerebro, que le causa calambres menores. Cuando esto sucede, los pacientes están muy sedados y se despiertan sin saber qué sucedió. A veces se despiertan confundidos. Sin embargo, la pérdida de memoria suele ser temporal.

La TEC se repite de 6 a 12 veces a intervalos de algunas semanas. Muchos pacientes sienten una mejoría después de unas pocas sesiones. Se cree que los impulsos eléctricos cambian los patrones en el cerebro. La TEC funciona para muchas personas, y la mayoría de las veces los efectos son temporales.

Ayudar a quien la padece

Si usted tiene un ser querido con depresión, prepárese para sufrir cambios de personalidad y actitud (las suyas y las de él). Es posible que una persona no quiera asistir a eventos tanto como antes. Es posible que no respondan sexual o emocionalmente como solían hacerlo. No significa que ya no le quieran. Es solo una enfermedad. Sea paciente y comprensivo. Es difícil cuando sucede, pero con tiempo y paciencia debería pasar. A veces, las personas deprimidas se retraen hasta el punto en que incluso las tareas más sencillas parecen insoportables. Piensan que pagar las facturas, hacer las tareas del hogar y hacer las compras es demasiado para ellos. Puedes estar a cargo por un tiempo y hacer estas tareas por ellos. Tiene que recordar que esto es una enfermedad, por lo que cualquier ayuda que pueda brindarles ayudará a que se recuperen. El tratamiento es esencial para que una persona con depresión vuelva a su estado feliz. Pueden ser reacios a ir u olvidar sus citas o medicamentos. Hay que recordárselos y alentarlos constantemente a tomar medidas. Sin tratamiento, no mejorarán e incluso pueden empeorar. La depresión a menudo le roba a la gente la esperanza. Sienten que nada cambiará y que el futuro nunca mejorará. Hay que recordarles que hay esperanza y hacer todo lo posible por ofrecerla.

Es posible que usted experimente una sensación de ira. Está bien hacerles saber que está enojado por su enfermedad, pero no con ellos. Es importante distinguir entre los dos. Si sienten que usted está enojado con ellos, pueden empeorar sus síntomas. Después de todo, hay que poner las cosas en perspectiva. No puede curar su depresión, así que no se engañe pensando que puede. Proporcione el mayor apoyo posible. La depresión puede afectar las vidas, pero no tiene por qué usted echarse la culpa por ese malestar.

Los miembros de la familia pueden ser un apoyo increíble para alguien que vive con este trastorno. Sin embargo, debe aprender a ser eficiente; de lo contrario, los miembros de la familia pueden hacer más daño que bien.

Lo primero que debe hacer es leer todo lo que pueda sobre la depresión y su tratamiento. Hay que advertir y prevenir. Si está informado, puede ayudar a su ser querido a tomar una decisión cuando él no pueda hacerlo. También debe comprender cómo se siente su ser querido. Aprender todo lo que pueda sobre lo que la depresión le está haciendo a esta persona lo ayudará a superar los peores días.

Debe tener en cuenta que cuidar a una persona con depresión es un desafío físico y emocional. Tome tiempo para usted mismo, no se precipite a intervenir si no se siente capacitado, si está cansado o estresado. De hecho, puede empeorar la situación.

Hable sobre lo que está viviendo con su pariente con otras personas, que le comprenderán, únase a un grupo de apoyo especializado en estos casos. No se comporte de manera codependiente, y hágase tiempo para usted mismo. No permita que la depresión de su ser querido se apodere de su vida.

Las personas deprimidas necesitan mucho amor y apoyo. No querrá sofocarlos, pero debe estar allí cuando más le necesiten. Saber que pueden confiar en usted los ayudará a superar algunos de sus momentos más oscuros. No niegue sus sentimientos. A veces se sentirá enojado y frustrado. Necesita una red de apoyo que le ayude a superar estos sentimientos. Nuevamente, un buen amigo o grupo de apoyo puede ser una gran fuente de consuelo. Reprimir sus emociones puede enfermarle.

#####

www.ingramcontent.com/pod-product-compliance
Lightning Source LLC
Chambersburg PA
CBHW061355140726
47997CB00003B/1212